NANCY ARRECHEDERA MEJÍAS

ANÉCDOTAS, VIAJES Y APRENDIZAJES

NANCY ARRECHEDERA MEJÍAS

ANÉCDOTAS, VIAJES Y APRENDIZAJES

OTRA MANERA DE APRENDER

JustFiction Edition

Imprint

Any brand names and product names mentioned in this book are subject to trademark, brand or patent protection and are trademarks or registered trademarks of their respective holders. The use of brand names, product names, common names, trade names, product descriptions etc. even without a particular marking in this work is in no way to be construed to mean that such names may be regarded as unrestricted in respect of trademark and brand protection legislation and could thus be used by anyone.

Cover image: www.ingimage.com

Publisher:
JustFiction! Edition
is a trademark of
Dodo Books Indian Ocean Ltd. and OmniScriptum S.R.L publishing group

120 High Road, East Finchley, London, N2 9ED, United Kingdom
Str. Armeneasca 28/1, office 1, Chisinau MD-2012, Republic of Moldova, Europe
Printed at: see last page
ISBN: 978-620-6-74064-3

ANÉCDOTAS,

VIAJES

APRENDIZAJES

Dra. Nancy Arrechedera Mejías

Junio, 2023

A MIS NIETOS Y NIETAS

MIS GRANDES AMORES

CONTENIDO

PRÓLOGO

De una amistad de más de cuarenta (40) años, en otros tiempos mi amiga Nancy Arrechedera Mejías, "Nam", como suelo llamarla, me habría regalado un reloj. ¿Sería para recordarme que ya jubilada mí época ha pasado? Nunca se lo he preguntado.

En lugar del reloj, me ha obsequiado el regalo más inesperado pero grande y significativo para mí, al pedirme que escriba el prólogo de su nuevo libro "Anécdotas, Viajes y Aprendizajes", es un "honor que no tiene nombre, y aceptar realizarlo, en carrera contra reloj, es un intento de suicidio que merece un final feliz" como lo diría el escritor J, Mario Arbeláez.

De Nam, ¿Que puedo decir? Mujer altruista admirada por mí, pues ella es quien se pone al servicio de los demás con disponibilidad para la acción positiva sin el deseo de remuneración. Ha comprendido que todos estamos sobre la tierra como complemento para ayudarnos mutuamente; ve la realidad humana como el escenario para expresar sus sentimientos de solidaridad. Ha construido puentes, que nos han permitido recorrer caminos con los menos obstáculos posibles. La que posee la sencillez de recibir cuando se encuentra en la necesidad también. Y, al escribir este libro da una enorme importancia al compartir todas esas experiencias que nos narra, porque sabe que el compartir es la llave del crecimiento humano y espiritual de las personas.

"Anécdotas, Viajes y Aprendizajes" nos transportará por paisajes y momentos históricos de la vida de la escritora en donde los hechos y las peripecias de los protagonistas siempre harán cómplices a los lectores. Desde ya le auguro un enorme éxito, pues estoy convencida que se convertirá en referente para sus seguidores y amigos, a quienes nos gusta las historias, la aventura y el conocimiento.

Nam y yo somos católicas, creemos en los milagros, yo creo que, de alguna manera, desconocida para mí, este libro alcanzará a muchas personas en un futuro no muy lejano.

ÉXITO, querida amiga y GRACIAS por este honor.

Trina Trías Ramírez.

INTRODUCCIÓN

Escribir significa para mí, autora de este texto que consultas, más que una encantadora tarea, un arte, a través del cual nos comunicamos –a posteriori- con un auditorio desconocido e ilimitado, sobre distintos temas, posturas y/o áreas del hacer social. Y lo más interesante de ese proceso resulta en la incógnita que siempre mantendremos, muy a pesar nuestro, sobre la influencia que tuvo dicho compartir en cada uno de los lectores que se dieron el permiso de leer, comprender y reflexionar sobre lo escrito por otros.

El texto que les presento a continuación pretende ser una lectura fresca, alegre, sabrosa; esa que podemos abordar en cualquier espacio, aún con gente animada cerca de nosotros; la que nos permite evocar situaciones propias, similares a las reseñadas y nos crea la posibilidad de volver a disfrutar esos agradables momentos vividos. Con el agregado de extraer las enseñanzas que nos dejan dichas experiencias, para no perder la oportunidad de continuar lo que he llamado mi misión de vida, que no es más que ayudar en la formación de una conducta social, auténtica, crítica, constructiva, la cual facilite un funcionamiento operativo de la persona, a la vez que contribuya a su hacer social, potenciando así lo particular e individual, a la par de lo social o colectivo.

Siento gran simpatía por las parábolas, me deleita su lectura y las utilizo en los talleres y cursos en los cuales cumplo rol de facilitadora. Y confieso que el Dr. Pérez Esclarín, a través de sus libros ha sido uno de los inspiradores del presente trabajo, además de la solicitud de muchos conocidos sobre la posibilidad de escribir tantos "cuentos" míos tras regresar de algún viaje. En el presente libro utilizo la narración anecdótica como forma literaria similar, por considerar que se presta al propósito de éste, al facilitar el entendimiento de su contenido.

Tal como lo he señalado en otra de mis publicaciones y lo he sentido en la elaboración de todas ellas, ha sido un placer llevar a papel todas esas situaciones graciosas y a la vez ejemplarizantes que me tocó vivir directa o indirectamente, y que hoy podrán conocer, disfrutar y utilizar a manera de referente para apoyar una observación sobre el comportamiento propio y el de otros.

Agradezco a Dios haberme permitido elaborarlo, a ustedes por darse el permiso para leerlo y a los que lo deseen, las sugerencias, opiniones y observaciones que tengan a bien señalarme.

A todos ustedes, GRACIAS….

NancyArrechedera Mejías

I PARTE

RELATOS DE MI INFANCIA

INTERCAMBIO DE REGALOS

Estudiaba primer grado de educación primaria en el Grupo Escolar Jesús Pacheco Rojas, en Maracay, ciudad del centro de Venezuela, era el mes de diciembre, y para cerrar las actividades escolares e iniciar las vacaciones navideñas, la maestra organizó un intercambio de regalo entre las y los alumnos. Cada quien debía llevar un regalo para el compañero o compañera, cuyo nombre hubiese seleccionado, al azar, del montón elaborado por ella según la nómina del aula, para esa ocasión.

El evento se realizaría el último día de clase así que teníamos varios días para comprar el regalo. Yo estaba pendiente y le pregunté a mamá, quien me respondió que ya lo había comprado; recuerdo con claridad que se trataba de un trío de muñequitas negras, elaboradas en plástico y vestidas con traje colorido y adornadas con zarcillos y flores en el pelo, muy lindas.

Llegó el día de la fiesta y marché al colegio, tranquila y alegre. La actividad se cumplió según lo planeado por la docente y durante el intercambio; al momento de tocarme entregar el obsequio ella me dijo: "Nancy tienes que llevarte de nuevo tu regalo pues la niña que tocaba contigo no trajo nada" Yo le obedecí y al terminar la actividad regresé a casa. Cuando llegué le conté a mamá lo sucedido y ella se molestó, me indicó que ella le había comprado eso a la niña y que yo debía entregarlo sin estar pendiente si me regalaban algo a mí; me mandó de nuevo a la escuela a buscar a la niña y entregarle el regalo.

Yo cumplí con regresar a la escuela mas no pude encontrar a la niña ya que todas las personas se habían marchado del lugar. De vuelta a casa le expliqué a mamá y ella me señaló que no podíamos hacer más nada al respecto, además de reiterarme que cuando se compra algún obsequio para alguien sólo nos debe ocupar entregarlo y que sea de su agrado, y no lo que podamos conseguir de vuelta.

Yo me defendía explicando que la docente me había dicho que no lo entregara, respuesta que fue igualmente analizada por mamá como correcta en tanto ella trató de ser justa y evitar un reclamo posterior de la otra representante, más no adecuada si tomamos en cuenta la formación integral que se debe brindar en las escuelas, lo cual incluye la formación en valores.

Como adulta he sido invitada a participar en muchos intercambios de regalo, o como se nombra modernamente, "amigo secreto"; y disfruto comprando el regalo que daré a quien me tocó en suerte. Y si se da el caso de ser testigo de los comentarios que se presentan generalmente cuando alguien considera que no se le dio un regalo de valor similar al comprado por él o ella, aprovecho para contar esta anécdota y señalar, como lo hizo mi madre conmigo, que lo importante es disfrutar al llevar alegría a esa otra persona.

Esta situación de dar u ofrecer algo a cualquier persona, sin esperar ser recompensado nos lo enseña la familia, la Iglesia y otras instituciones que imparten valores. Y cuando lo escuchamos no estamos seguros de que así sea, más cuando lo hacemos –de corazón- disfrutamos al máximo y nos llenamos de ese amor de nuestro padre celestial.

"No importa que queramos hacer, sino el amor con el cual lo hacemos, no importa que queremos dar, sino con cuanto amor lo damos."

Madre Teresa

ooOOOoo

RECOMPENSA POR SER BUENA ESTUDIANTE

Estaba cercana a cumplir 10 años, era final del año escolar y acababa de aprobar el cuarto grado de primaria, con calificación de Eximida, lo cual significaba que no presentabas examen final ya que habías acumulado durante el año la mayor calificación exigida, veinte puntos (20 puntos). No esperaba ningún premio ya que no era costumbre en nuestro hogar, a mi parecer por la escasez económica en la cual vivíamos.

Iba pasando cerca de la sala y escuché cuando mi hermana Nélida, 5 años mayor que yo, le decía a papá: "Papá, no se le va a regalar nada a Nancy, pasó nuevamente eximida"; me emocioné mucho esperando la respuesta que daría papá, y esto fue lo que contestó: "No, no se le dará nada, ya que la recompensa por lo que hizo lo está obteniendo ella misma; con su buena calificación ella se está premiando ahora y a futuro". Al momento quedé sorprendida, repitiéndome la frase para poder reevaluarla; mi hermana hizo un gesto de conformidad y se marchó.

Nunca ambas hablamos de esa situación, sin embargo, agradezco mucho a mi hermana, su deseo de que se me premiara y agradezco también la respuesta de papá, pues día a día fui entendiendo que estudiamos para nosotros mismos y para los demás en cuanto al hacer social.

Y en mi papel de orientadora digo a los padres y madres continuamente que no ofrezcan tal o cual juguete para que su hija o hijo pasen, premien su esfuerzo si les parece bien, más hagan sentir a sus hijos que los estudios son su responsabilidad y que ella debe cumplirse aun cuando no haya premio en ese momento. De ésta manera ayudan a valorar su formación y a comprender que sus estudios son la base para la formación personal y profesional, de manera tal que poco a poco, con cada nivel alcanzado, ellos irán fortaleciendo esa base a futuro.

oo0oo

UN NO INESPERADO

Cuándo estábamos pequeñas, vivíamos en Maracay y nuestra diversión de los domingos consistía en ir a una sesión de cine en un local que tenían los párrocos de la localidad, por lo cual recibió el nombre de "cine de los curas". Todos los domingos pedíamos permiso a papá y luego de arreglarnos, acudíamos al cine. Y todos los domingos para pedir permiso comenzaba una especie de juego decidiendo quien, entre las 4 ó 5 que formábamos el grupo, lo solicitaría y quienes habían logrado eludir esa tarea, esa semana. Una tarde el sorteo para decidir quién lo haría, se alargó y al momento de tener a la responsable para ese día, había pasado el tiempo y varias de nosotras ya estábamos bañadas y vestidas.

Me correspondió a mí la solicitud, y me dirigí adonde estaba papá y le hice, como otras veces, la solicitud del permiso diciendo: "papá ¿nos das permiso para ir al cine de los curas?; él se encontraba sentado, leyendo un libro y al escucharme levantó la cabeza y me dijo: No. Yo di media vuelta y fui al cuarto donde estaban mis hermanas y les señalé la respuesta. Nos quedamos sorprendidas, ya que no sabíamos la razón por la cual se nos había negado el permiso, ya que papá solo decía sí o no, y ninguna de nosotras se atrevió a preguntarle el por qué.

Luego de examinar la situación con detenimiento, nos dimos cuenta que al momento de pedir el permiso ya estábamos prácticamente listas para irnos, lo cual seguramente observó papá y lo tomó como un irrespeto, pues dábamos por seguro que nos diría que sí. La situación no se repitió, de allí en adelante pedíamos permiso y luego de obtenerlo procedíamos a bañarnos y vestirnos.

La enseñanza que nos deja esta anécdota está en línea con el refrán que dice que no debemos contar los pollos antes de que nazcan. Y realmente en materia de conducta en general, es adecuado pues siendo la conducta humana tan compleja e impredecible, podemos cometer errores al presumir que sabemos que pasará. Y con respecto al papel

de papá y mamá, es importante hacerle ver a los hijos e hijas que cuando solicitamos permiso lo hacemos no como simple formalidad, sino porque esperamos que se nos autorice y, por lo tanto, debemos esperar la respuesta.

o000o

II PARTE

SUCESOS EN VIAJES

"MUDA" EN EL EXTERIOR

La primera vez que viajé a Europa, ya después de los 50 años, aproveché que mi hermana Ligia estaba por Londres, realizando una pasantía relacionada con su área de trabajo (Farmacia). Ella me propuso que, al terminar su pasantía, nos encontráramos allá para conocer y turistear un poco, ya que durante el tiempo de trabajo no había podido hacerlo; por supuesto que estuve de acuerdo e invité a una "hermana de la vida" a acompañarme en esa aventura. Parecida a mí, no lo pensó para decir que sí aún con el conocimiento de que es un viaje largo (nueve horas de vuelo) situación comprometedora para alguien que acababa de hacer un proceso terapéutico por miedo a las alturas.

Fue así como compramos pasajes, preparamos maletas, nos encomendamos a Dios y nos marchamos; ya en Maiquetía me doy cuenta que había dejado en casa, en Ciudad Bolívar, el número de teléfono de mi hermana en Londres, y por no existir aún los celulares, debía llamar a casa, más por la hora no encontraría a mi pareja allí. Conociendo a mi amiga Decci, decido no comunicárselo para evitarle la ansiedad y confieso que más, por evitar que me lo reprochara durante todo el viaje, impidiéndome disfrutarlo; además, Ligia nos esperaba en el aeropuerto en Londres.

El viaje fue estupendo, agradable, confortable, creo que ha sido el mejor viaje que he tenido, todo excelente, la comida, la bebida, el trato, las películas, la preparación para dormir y para despertar, en fin, que esas 9 horas las disfrutamos. Llegamos a Ámsterdam y allí nos ubicaron en un avión pequeño con destino a Londres, al llegar nos dirigimos a inmigración y allí comienza la odisea: no había en el aeropuerto quien hablara español, yo domino poco el habla inglesa, de tal forma que el joven que me atendió me pedía información y a duras penas yo le explicaba lo poco que podía, pregunta: ¿Primera vez en Londres? Si. ¿A qué viene a Londres? De paseo. ¿Dónde se alojará? Donde vive temporalmente mi hermana, mas no tengo la dirección. ¿Cuándo se regresa?

En 3 semanas. ¿Dónde está su pasaje de retorno? En la maleta. ¿Viene sola? No, con una amiga. Llama a mi amiga y repite las mismas preguntas, siempre en inglés, y con cara de asombro recibe las mismas respuestas, en ella con un inglés mejor que el mío más igual de fallo para él. Se queda pensando un rato y luego nos hace señas que pasemos. Gracias…. Y a buscar las maletas. Comenta Decci: "Éste pensaría: muy difícil que quieran quedarse aquí este par que ni siquiera saben adónde van". Ya con maletas buscamos a mi hermana y nada, no aparece y entonces Decci me pide que la llame por teléfono y en ese momento le explico que el número se me quedó en Venezuela, por poco y le da un soponcio (conmoción). Le señalo que estoy esperando que sean las 5 a.m. en Venezuela para llamar a la casa (hay una diferencia de 7 horas). Así lo hice y mi pareja me dictó el número, más con eso no resolvimos pues los teléfonos públicos no nos respondían y al no encontrar quien hablara español, era difícil pedir ayuda. Casi por señas la joven del puesto de Información le pidió a Decci el número y ella llamó a casa de Mary (la casera de mi hermana) y tuvo que hablar ella para explicar nuestra llegada y poder indicarnos tomar un taxi que nos condujera a la dirección donde nos ubicaríamos.

Esa experiencia nunca podré olvidarla, y aunque al momento pasamos cierta angustia, yo pensaba que todo se resolvería, como en efecto pasó, teniendo siempre confianza en el poder de Dios, nuestro padre y en la seguridad que al proceder sin pretender dañar a otros, podemos confiar en el ser humano y podremos entendernos aún con limitaciones por idioma (como en este caso) o por otro elemento.

Uno de mis lemas favoritos es "Al inocente lo protege Dios", y créanme que así es, en la medida que actuamos de buena fe y tenemos confianza en los otros y otras, el universo conspira a favor nuestro y las situaciones fluyen. Por el contrario, nuestra desconfianza y el deseo malsano hacia la otredad hará que se pierda la fluidez natural de los hechos y las cosas se complicarán cada vez más.

oo000oo

ACCIDENTADAS Y EXTRAVIADAS EN LA NOCHE

En compañía de 2 colegas Trabajadoras Sociales, salí camino a la ciudad de Cumaná para asistir a un Congreso Nacional de esa profesión. Abordamos la camioneta ranchera Ford Futura, de mi propiedad y en buenas condiciones, con todas las recomendaciones del mundo por parte de mi esposo, quien estaba inquieto por ser yo la única de las tres que sabía conducir y por tanto la choferesa para todo el viaje. Les expliqué a mis compañeras de viaje que nos íbamos por San Félix, pues debía hacer un contacto relacionado con mi trabajo, antes de partir al evento.

Así cumplí la tarea en San Félix, cruzamos el rio Orinoco en la chalana e iniciamos el viaje por tierra. Yo había manejado por esa carretera, no obstante, no tenía un conocimiento completo de la misma, además de no encontrar mayor información en la vía, se hizo de noche, se tornó oscura la zona y seguimos rodando sin encontrar persona o negocio donde preguntar. A las mil y quinientas, como solemos decir, llegamos a una estación de servicio y al comentar nuestro destino, el bombero nos explicó que había perdido el desvío hacia Maturín y Cumaná, y resultaba difícil explicar cómo llegar allí. En eso el chofer de un pequeño camión cisterna que estaba cargando combustible, se ofreció a dejarnos donde comienza la vía que requeríamos, con la condición de seguirlo, por supuesto que dije que sí y me situé detrás del camión, el cual iba a baja velocidad (30 kph), por lo que ese viaje nos llevó bastante tiempo. Total, que el conductor cumplió lo ofrecido y nos dejó al inicio de una vía que conducía a Maturín.

Pasado el malestar por el retardo, continuamos el viaje, aumentando la velocidad y atenta a la vía, la cual estaba muy sola. A pesar de estar en buenas condiciones, de repente veo un hueco grande en el centro de la carretera y busqué bordearlo para no caer en él, así fue, no obstante, salí de la carretera y al buscar incorporarme de nuevo a ésta, caí en un banco de fango y las ruedas traseras quedaron dentro, resbalando sin avanzar cuando aceleraba.

A todas estas eran casi las 11 de la noche y nosotras accidentadas en una vía sin tránsito. De repente escuchamos el ruido de un vehículo automotor y le hicimos señas, era un jeep, conducido por un señor de nombre Ariel, quien sin pensarlo se dispuso a ayudarnos. Enganchó el parachoque de la camioneta de una guaya y un gancho a otra punta al parachoque de su jeep y arrancó su vehículo, sin embargo, por ser la camioneta más pesada, no se pudo mover por esta vía. Mientras estábamos en eso llegó otro vehículo, un pequeño auto con 4 hombres grandes, quienes saludaron a Ariel y al conocer la situación procedieron a alzar la parte posterior de la camioneta, para ayudar en la tracción del jeep. Tampoco sirvió y quedaron todos salpicados de barro, en eso uno de ellos le dice a Ariel que se vaya a la planta que su turno está por comenzar y que ellos resuelven. Luego el chofer del carro explicó: "con lo que tenemos no sale esta camioneta, hay que buscar ayuda y para eso una de ustedes debe venirse con nosotros hasta la encrucijada". Así se hizo y como a la hora, mi amiga estaba de regreso en un chuto de gandola, cuyo chofer sacó un gancho que pegó al parachoque y de inmediato, al mover su vehículo, salió la camioneta del barro donde estaba pegada.

Ninguna de las personas que nos auxiliaron nos solicitaron algún tipo de pago. Todos esos hombres se portaron a la altura, ayudando con ganas, alegría y buena voluntad. Llegamos a Maturín a la una de la madrugada y dormimos en un hotel hasta las 5 de la mañana cuando continuamos nuestro viaje a Cumaná, donde llegamos sin ningún otro percance, para iniciar el Congreso a las 8 a.m.

Esta experiencia, que recordamos las tres, en varias oportunidades, nos ha servido siempre para ejemplarizar la solidaridad del venezolano, la facilidad con la cual estamos dispuestos a ayudar a alguien a quien no conocemos y que está en situación comprometida, sin buscar recompensas, sin esperar nada a cambio. Además, en mí, ha reforzado lo comentado en otra historia con el dicho "Al inocente lo protege Dios" y,

sin querer parecer mejor que los demás, creo y siento que siempre estoy protegida por mi Padre, en él confío y actúo según sus preceptos.

Por supuesto también es importante señalar que, para cualquier situación no cotidiana, tal como un viaje a otro estado, es necesario equiparnos con mapa y tomar las previsiones necesarias, de tal manera de disminuir los riesgos que siempre están presentes en las situaciones cotidianas y/o esporádicas.

oo000oo

UNA SALIDA INGENIOSA

Del mismo evento en el cual nos quedamos accidentadas en una carretera con muy poco tránsito, ocurrió que cuando no se pudo solventar la situación con el vehículo que nos ayudaba, el chofer pidió que una de tres pasajeras de la camioneta accidentada, los acompañara al poblado cercano para ellos conseguir y enviar la ayuda necesaria.

Mi amiga Trina se ofreció a acompañarlos, en tanto Gladys y yo permanecimos en el sitio. Yo estaba atenta al ruido que hacen los vehículos al acercarse, más no se escuchaba nada pues como dije, es una carretera poco concurrida y ya era de noche. Gladys, por su parte, asustada y nerviosa por la soledad del sitio, el desconocimiento del mismo, por parte nuestra y además por la situación de Trina, quien accedió a marcharse con unos desconocidos en búsqueda de la ayuda necesaria. Ella no quería que yo prendiera las luces y yo le discutía que las luces permitirían saber nuestra ubicación al que viniera a rescatarnos.

En eso estábamos cuando escuché ruido de motor y encendí la luz, era un chuto de gandola, en el cual venía el chofer, un ayudante y nuestra amiga Trina. Enseguida ellos procedieron a enganchar la camioneta con un garfio unido a su vehículo y en unos minutos sacaron la camioneta del hueco en el cual se encontraba. Se aseguraron que prendiera sin problemas y se despidieron.

Continuamos nuestro viaje y yo le pregunté a Trina como hizo para orientarse y recordar el lugar del accidente, ya que la carretera es similar en toda su extensión y no hay en el ambiente, elementos que sirvan de puntos de referencia. Ella me contestó que, al arrancar el viaje, prensó lo que yo le estaba planteando ahora, y tomó la decisión de contar los huecos que hay en la carretera desde ese punto donde nos accidentamos, hasta el poblado al cual iban por ayuda. Así pudo guiar de regreso al chofer de la gandola, quien además, al ver la luz (que yo había encendido) supo que había llegado al sitio en cuestión.

Es exactamente esa idea ingeniosa la que quiero resaltar en este relato. A pesar de lo confusa que puede estar nuestra mente ante una situación irregular, tenemos la capacidad de manejar adecuadamente nuestros pensamientos y orientarlos en búsqueda de soluciones ingeniosas, novedosas, y hasta fuera de lógica –a veces-; limitando así las reacciones negativas que nos conducirían al pesimismo, el desaliento y a cargarnos de ansiedad, como sucedió con mi otra compañera de viaje.

Nuestro cerebro es un órgano maravilloso con inmensa capacidad de acción, y está en nosotros aprender a conducir nuestra mente según nuestras prioridades, ya que así como produce aciertos, también -si lo permitimos- puede producir acciones que sean limitantes en la búsqueda de nuestros objetivos.

ooOOOoo

UNA DE EXTRATERRESTRES

En una oportunidad iba de Ciudad Bolívar a Puerto Ordaz en compañía de mi comadre Thais, en el camino comentamos un caso muy sonado en la región sobre una pareja desaparecida sin dejar ningún rastro, situación que provocó que se atribuyera el caso a la intervención de los extraterrestres.

La situación fue que la pareja estaba de visita en una casa donde se celebraba una fiesta y salieron un momento a comprar cigarrillos, mas no regresaron y al día siguiente no llegaron a su casa, ni a ningún otro lugar. Se notificó su desaparición a las autoridades, más no se obtuvo ninguna respuesta, no aparecieron ellos ni tampoco su vehículo, a pesar de que la búsqueda se amplió a otras regiones.

El caso es que, ante la historia, yo le digo a mi comadre: bueno eso es posible, fíjate que, en este momento, siendo las 2 de la tarde, sólo nosotras vamos en la vía, no hay otros vehículos ni en nuestra vía ni en sentido contrario, de tal manera que, si una nave viniera y nos absorbiera hacia ella, nadie lo notaria. Y en ese mismo momento el capó de la camioneta ranchera que yo conducía se abrió aparatosamente y nos dejó mudas a ambas.

Por supuesto, yo frené y nos vimos tratando de asimilar lo sucedido. Bajé del vehículo, cerré el capó y minutos después continuamos el viaje, permanecimos en silencio un rato, luego comenzamos a reírnos y yo le dije: bueno comadre, esto parece una advertencia para que no sigamos descubriendo cosas que no deben descubrirse aún.

En varias oportunidades comentamos esta situación y creo que siempre ha terminado como una anécdota graciosa que provoca risas; no obstante, yo soy de las personas que no cree en las casualidades sino en las causalidades y una explicación a lo sucedido puede estar en relación con el poder de nuestra mente, el cual muchas veces ignoramos.

La capacidad cerebral de ser humano es inmensa y las personas hemos podido hasta ahora utilizar, en el mejor de los casos, una cuarta parte, y con ello cuantos descubrimientos e inventos se han producido. Así que no debemos asombrarnos de cómo nuestra mente puede, en un momento dado, utilizar telepatía, telequinesis, sueños premonitorios y otras capacidades para darnos mensajes a nosotros y nosotras mismas.

oo000oo

IGUAL TRATO EN SITUACIONES ESPECIALES

En el aeropuerto de Maiquetía, en espera del vuelo con destino a España, mi hermana Gisela y yo, en la cola para el chequeo estamos pendientes que Nélida, otra hermana, no ha llegado. A través del celular mi sobrino me informa que hubo un derrumbe en la autopista y el transito está congestionado.

Concluye el chequeo y aún mi hermana no llega, y sabemos que al cerrar el chequeo no hay oportunidad de ir en ese vuelo; más en ese momento el personal de la aerolínea informa que hay un retardo del vuelo ya que la tripulación está detenida en la autopista, por causa del derrumbe ocurrido en la vía Caracas – La Guaira. Yo pienso al instante que, si mi hermana, al igual que la tripulación está demorada por el derrumbe, podrían permitirle, una vez lleguen, chequear e ingresar al vuelo. Me dirijo al puesto de la aerolínea y le hago el planteamiento a la joven del mostrador, ella enseguida me responde que una vez cerrado el chequeo no hay oportunidad, más yo le expongo que sé que es la norma que se aplica con regularidad, más en esta ocasión especial, la causa de la demora de la pasajera es la misma que la de la tripulación y que su chequeo es sólo cuestión de segundos. Ella se queda pensando y me pide que espere; al poco rato me llama y me dice que, si la van a chequear, que en lo que llegue vaya rápidamente al mostrador correspondiente.

Por supuesto, le agradecí a la joven su diligencia en el caso y me retiré.

Esta anécdota nos pone en reflexión sobre el cumplimiento estricto de las normas existentes. Respeto las normas y estoy consciente de su importancia a fin de lograr una convivencia social sana, más, en oportunidades queremos ser inflexible ante situaciones irregulares, y lejos de solucionar problemas y facilitar la convivencia, creamos molestia, malestar y hasta ruptura de esa sana convivencia.

Los seres humanos somos dinámicos, sensibles, activos y nuestras normas siendo de obligatorio cumplimiento, muchas veces nos suenan como barreras inflexibles. Tenemos que reflexionar que nosotros nos amoldamos a las normas y no las normas a nosotros. Sin embargo, en situaciones irregulares, cuando se rompen las circunstancias normales de la cotidianidad, esas normas pueden flexibilizarse y así coadyuvar en el logro de los objetivos deseados.

ooOOOoo

III PARTE

APORTES DE OTROS NIÑOS Y NIÑAS

LA RESPUESTA DE LOS Y LAS NIÑAS

En una oportunidad, estando en casa de mi hijo, fui testigo de esta situación: Mi hijo estaba en la hamaca, viendo televisión y mi nieto, de unos 4 años de edad, estaba en el suelo, cerca de él, jugando. En ese momento entra al salón mi nuera y comienza a hablar con Mauricio, mi nieto, quien la escucha y le contesta, sin verla; ella se le acerca y le dice: "hijo, cuando a uno le hablan debe atender; cuando yo te hable, veme a la cara"; él la ve y asiente.

Al rato Mauricio le hace un llamado a su padre, quien le contesta desde la hamaca sin verlo, y él parándose frente le voltea la cara hacia él y repite: "papá, cuando yo te hable, veme a la cara". El papá se quedó sorprendido con la respuesta del niño y luego de unos segundos de silencio, le respondió: "está bien".

Esta pequeña anécdota nos señala como los niños-niñas, a quienes muchas veces ignoramos o catalogamos de despistados o desatentos, pueden estar bien claros en cuanto a sus derechos como persona, y por tanto exigir para ellos lo que le señalamos como obligación de todos y todas.

Además, bien importante que en los momentos en que niños y niñas hacen este tipo de señalamiento, mamá y papá no lo vean como una respuesta irrespetuosa y quieran reprenderlos(as), ya que de esta manera estamos violando su derecho a expresarse, lo cual posiblemente –de ser habitual- generará una actitud de sumisión, de rebeldía, o una mezcla de ambos, nada positiva para su formación. Al aceptar esta acción en un ambiente de amor filial, le estamos reforzando su capacidad de expresar sus opiniones, deseos, pensamientos, de disentir y en fin de establecer relaciones sociales más sanas.

ooOoo

APRENDER DE LOS MÁS PEQUEÑOS

En una oportunidad, camino a casa de mi hijo Daniel, en compañía de mi nieto Mauricio, cometí una infracción al dar vuelta en U en un lugar prohibido. Enseguida mi nieto señaló "abuela, cometiste una falta; tenías que seguir hasta después de los edificios para dar la vuelta". Yo traté de justificarme alegando que esas calles tenían muchos huecos (lo cual era cierto), más me di cuenta que no era la actitud correcta de un adulto hacia un niño, más aún con el nexo que nos une. Así que le señalé que tenía razón, que había cometido una infracción y que la situación me permitía ejemplarizarle que las personas adultas también pueden aprender cosas nuevas, de parte de otras personas adultas y de los y las niñas.

Pasados unos días pasamos por la misma ruta y mi nieto me pregunto: ¿abuela, recuerdas donde cometiste la falta el otro día y utilizaste un atajo?, mi respuesta fue "si". Él continuó: ¿abuela, podrías hoy pasar por ese atajo?, ¿por qué? pregunté; "porque tengo mucha hambre", respondió. Allí continué mi labor de formación y le señalé que por su observación del primer día yo había hecho un aprendizaje y que ahora no podía cometer la falta pues las normas no se cumplen a conveniencia propia.

El aprendizaje de esta anécdota tiene que ver con clarificar a los niños que las normas existen en la sociedad para facilitar la convivencia y por ello son de obligatorio cumplimiento. En su proceso de formación y adaptación al medio ambiente ellos y ellas buscarán la oportunidad de probar estrategias de acción que no siempre estarán en línea con la norma. Este hacer y sus consecuencias, les permitirá incluir en su repertorio conductual todo aquello que les funcione. De allí que nosotros, los adultos, y sobre todo los padres y las madres debemos estar atentos y tener constancia en su actuación; y no hacerlo desde el estado de ánimo del momento.

OTRA CON NIÑOS Y NIÑAS QUE SORPRENDEN

En clase de asertividad solicité a los participantes compartir con el auditorio alguna experiencia que les hubiera permitido poner en práctica lo aprendido hasta ese momento en el tema: Asertividad. Uno de los estudiantes, adulto joven, casado, padre de una niña de 5 años refiere: "profesora, usted lo pone fácil, más mire lo que nos pasó a mí y a mi esposa".

Refiere que estaban en el salón de fiesta del edificio, junto con su hija, en una celebración, cuando se hizo la hora de dormir asignada a ésta. El padre la llama hacia ellos y le dice: "hija ya es hora que vayas a dormir", la niña se para frente a ambos padres y les dice: "Papá y mamá ustedes son personas, yo también soy persona, ustedes tienen derechos, yo también tengo derechos, ustedes se están divirtiendo, yo también me estoy divirtiendo". Ante esto, ambos padres se ven las caras y no saben que responder.

El participante me pide que le explique cual debió ser la respuesta asertiva de ellos como padres. Yo le refiero, "luego que ella termine de hablar usted le dice: Hija mía me alegro que sepas que eres persona, que tienes derechos y que te estés divirtiendo, y como la norma es la norma, Dios me la bendiga y vaya a acostarse".

Es importante que nuestros niños y niñas sepan de sus derechos y sus deberes; además es bien importante que puedan expresarse con libertad ante las personas adultas y que sean capaces de opinar y hasta disentir cuando las situaciones son de interés para ellos y ellas. Ahora bien, el permitirles poder expresarse no significa que hay que hacer lo que quieran o planteen como necesario para ellos; en esos momentos debe mantenerse la autoridad (lo cual no es más que el cumplimiento de las normas establecidas previamente en casa), sin nada de agresión, o como se le conoce en Educación para Padres: Disciplina con Amor.

VOCABULARIO Y NIÑOS – NIÑAS

Un compañero de trabajo, quien es docente y es abuelo, me comentaba lo que le sucedió con su nieto de 4 años. Iban ambos, camino a la casa, él manejando y el niño en el asiento posterior, parado en el puente que divide el piso y, le permite tener mejor visión hacia adelante. De repente el abuelo dice: "ten cuidado que ahí adelante hay un policía acostado", el niño se sienta, pasan el obstáculo y luego de unos segundos pregunta: ¿abuelo dónde está el policía? El abuelo le aclara que el policía acostado es el murito que acaban de pasar con el carro y el niño se queda conforme.

Días después llega el niño casa del abuelo y le dice que porqué mete mentiras; ante la sorpresa del adulto, el nieto explica: "tú me dijiste que lo que hay en la calle es un policía acostado y mi papá me dijo que no, que eso es un reductor de velocidad". El abuelo aclara que no quiso mentirle, sino que corrientemente se le llama de esta manera, aunque su papá tiene razón.

Luego que me lo contó, señala que allí entendió entre otras cosas, por qué luego que el dijera que había un policía acostado, el niño se había sentado rápidamente y se quedó tranquilo unos minutos.

Esta pequeña historia nos permite abordar un aspecto de gran interés en el manejo de las conversaciones con niñas y niños, el cual señala la importancia de hablarles correctamente para ayudarlos con el vocabulario y con su dicción, a la vez que favorecemos su adecuado desarrollo mental.

En muchas oportunidades escuchamos como a los niños y niñas, se les habla con un lenguaje con diminutivos y palabas que pertenecen al argot popular más no son términos adecuados. Con ello estamos consintiendo, sobreprotegiendo, propiciando vicios en su lenguaje que serán luego limitantes en su expresión verbal; y, por último, indirectamente los invitamos a no crecer, a permanecer pequeños para satisfacer a sus adultos significativos y no perder privilegios

TÚ ERES LA ADULTA

Una amiga me contó que en una oportunidad fue a una fiesta infantil con su hijo, quien padece diabetes. Estando sentado al lado de mamá se acerca la dueña de casa y le ofrece dulces, él los rechaza señalando que no puede comerlos por su enfermedad; la señora se disculpa por el ofrecimiento, y en ese momento el niño le comenta a la madre: "pero tengo tiempo que no me enfermo, creo que puedo probar", la madre señala que es cierto y aprueba que coma el dulce. Al día siguiente el niño amaneció con molestia de salud, producto de la ingestión delas chucherías y la madre le recrimina diciendo: "Viste lo que pasó, te antojaste del dulce y hoy te sientes mal, a lo que el niño le respondió: "eso es verdad, pero tú eres la adulta". La madre me dice que quedó sorprendida por la respuesta del hijo y además se sintió culpable.

Tal como lo señalé en otro artículo, los niños(as) constantemente van a buscar evadir las situaciones adversas, probando como les va; y si el resultado es satisfactorio incorporarán a su repertorio estas conductas; de lo contrario, las desestimarán. Somos nosotros, los adultos, los que debemos estar atentos a mantenernos dentro de las normas, sobre todo en materia de salud, cuidando los riesgos innecesarios que a veces provocamos por sentir –de alguna manera- algo de lástima por el hijo o hija, a quien queremos proteger y a la vez complacer.

Hay un dicho popular que dice que de buenas intenciones está el infierno lleno. Y yo le insisto a los padres-madres que hay que estar atentos a nuestro hacer ya que muchas veces, queriendo proteger a nuestros hijos e hijas, en demasía, los desprotegemos.

ooOOOoo

DISPUESTOS A PEDIR DISCULPAS

Una amiga y colega me contó una situación "graciosa" que le ocurrió con su hija de 6 años. Ella la busca en la escuela al mediodía y ya en el carro la madre le pregunta ¿Hijita cómo te fue?, más lo hace como rutina y prácticamente no pone atención a la respuesta. La niña le contesta: "Me fue mal, una abeja se metió en mi jugo y no pude tomarlo" La madre ve que la niña ya terminó de hablar y le dice: "Qué bien hija" y sigue pendiente de sus pensamientos; entonces la niña le dice en voz alta: ¿Esta bien mamá? ¿Te digo que una abeja se metió en el jugo y tú dices que está bien? En ese momento es cuando ella escucha a la niña y se da cuenta de su error.

Se queda callada unos instantes y luego le explica a su hija que no la escucho bien y le pide la disculpe por su error; la niña se tranquiliza y allí acaba la molestia entre ambas.

Es muy importante que como adultos mostremos respeto por nuestros pequeños, y esto –por supuesto- incluye prestar atención cuando estamos conversando. Por otra parte, es muy válido que ante cualquier equivocación que podamos tener, seamos capaces de reconocer nuestro fallo y pedir disculpas a nuestro hijo o hija; cuando reconocemos nuestros errores y solicitamos de ellos la disculpa, no sólo le estamos reafirmando que como personas tenemos la posibilidad de equivocarnos, que no somos perfectos, sino que además les damos un buen ejemplo en cuanto a asumir las consecuencias de nuestros actos, a ser responsables como personas.

ooOOOoo

EL ABUELO HACE CHIRRINCHI

Un amigo me contó la siguiente historia: Iba manejando su vehículo y en él viajaba con su nieto de tres años; de repente el niño le pregunta: "abuelo, ¿por qué tu camioneta hace chirrinchi?"; el responde: ¿cómo chirrinchi?, y el niño aclara: "escucha abuelo chirrin, chirrin, chirrin". "Ah, ya entendí", dice el abuelo, y agrega: "eso sucede porque la camioneta está vieja".

Siguieron su viaje y el niño estuvo callado un rato, luego vuelve a preguntar, esta vez en tono bajo: abuelo, ¿tú también haces chirrinchi?"

Esta pequeña historia ilustra la manera como los y las niñas piensan y fácilmente expresan lo pensado, buscando confirmar su planteamiento o por el contrario que se les señale otra explicación. Muchas veces los adultos no nos damos cuenta como le hablamos, creemos que siempre nos entienden, y por ello casi nunca revisamos los términos utilizados o las explicaciones que les estamos proporcionando, así como la manera como ellos y ellas lo procesarán.

Resulta interesante y productivo, chequear que los niños y niñas entiendan lo que les decimos, cuidando nuestro vocabulario, dicción y planteamientos.

ooOOOoo

SABER EXPLICARNOS

En una oportunidad, en casa, estando con mi nieto lo veo que está armando un rompecabezas, de piezas grandes, acorde para su edad (3 años) y sus movimientos son de chocar las piezas para calzarlas, lo cual hace la tarea más difícil y hasta imposible. Me dirijo a él y le digo, "Mauricio, alza la pieza y veras como calza", él me responde "Okey abuela", más yo observo que sigue haciendo lo mismo. Vuelvo a decirle "Alza la pieza, así será más fácil" y de nuevo me dice "Okey" más lo sigue haciendo igual. Entonces procedo a ponerme a su lado, tomar la pieza, alzarla y colocarla en concordancia con su compañera, él me ve y dice algo sorprendido: "Ah, alza la pieza, alza la pieza" mientras levanta la pieza con su mano. Allí la sorprendida fui yo, al darme cuenta que él, aunque me contestaba okey, no entendía lo que yo quería decirle pues en su vocabulario no estaba la palabra alzar, más si, levantar.

Cuantas veces ante situaciones similares a la narrada, pensamos que el niño(a) simplemente no quiere hacernos caso y lo regañamos, gritamos o tildamos de desobediente.

En variadas oportunidades los adultos damos por cierto que los y las niñas nos están entendiendo, pues olvidamos que ellos van aumentando su vocabulario de manera progresiva y según sean los estímulos y las circunstancias en las cuales se están desarrollando. Por ello es muy importante al comunicarnos con ellos, chequear que nuestro mensaje esté siendo claro, que hemos sabido explicarnos, y en la medida que queramos y podamos, incentivar la utilización de nuevas palabras en su léxico cotidiano.

ooOoo

IV PARTE

EN MI ADULTEZ

MIEDO A LAS CUCARACHAS

De niña y aun de adulta joven, tenía miedo a las cucarachas; no Las mataba, sólo las espantaba o me iba del sitio donde apareciera una. Durante mi primer mes de trabajo en aula, me sucedió que estando en la pizarra, oigo que las alumnas comienzan a gritar, les pregunto ¿qué pasa? y me contestan gritando: "una cucaracha".

Para mantener el orden y en mi papel de docente, les digo que se tranquilicen, que una cucaracha es un pequeño insecto, que no deben tenerle miedo; y en eso la cucaracha se dirige hacia donde yo estoy, no quedándome más alternativa que matarla. Para ellas fue algo común y en línea con mi discurso, más para mí fue una experiencia poco agradable que me sirvió para perder ese miedo.

Somos nosotros mismos los que limitamos nuestra acción, cuántas veces decimos que no somos capaces de hacer algo, más cuando las circunstancias nos presionan, nos damos cuenta que si somos capaces de cumplir esa tarea.

Otro aprendizaje que obtuve de esta experiencia es la importancia de ser congruentes, es decir que lo que decimos esté en línea con lo que hacemos, de manera tal de generar confianza y credibilidad de los demás hacia nosotras(os), fortaleciendo nuestro hacer social. Y en el caso de los y las docentes, esa confianza es de gran importancia para la relación docente-estudiante.

Menciono de nuevo el Cerebro Triuno, lo cual no es más que entender que tenemos tres (3) cerebros en uno (1). Hablamos entonces de: Neocortex o Neocorteza cerebral, cerebro del pensar, Límbico, cerebro del Sentir, y Reptil, cerebro del Hacer. Si somos congruentes nuestro pensar, sentir y hacer estarán en una misma línea, generando confianza y credibilidad en los demás.

ooOOOoo

ATENCIÓN AL SEXTO SENTIDO

En las charlas y talleres sobre Cerebro Triuno, les explico a los y las participantes sobre la necesidad de prestar atención a los mensajes que nos enviamos desde nuestra inteligencia intuitiva, los cuáles en La mayoría de los casos, despreciamos. Y cuento esta anécdota, realmente insignificante.

Un día lunes en la tarde, con el radiante sol de Ciudad Bolívar, me dispuse a realizar unas compras en el supermercado y al llegar, una voz interna me dijo que me estacionara de retro; desatendí el mensaje y entré a realizar mis compras. Luego de hora y media aproximadamente, salí hacia el carro, acompañada del chico que llevaba el carrito con las compras. Para mi sorpresa estaba cayendo un fuerte aguacero y el joven señalo: "Señora, si se hubiese estacionado de retro, yo podría guardar su mercado sin problemas y hasta se podría haber montado en el carro sin mojarse".

Su comentario se basó en la lógica ya que el local tiene un gran alero que protege la acera y parte del estacionamiento. Yo no hice comentario alguno, más en ese momento recordé mi llegada al supermercado y el mensaje enviado desde mi cerebro.

Situaciones como ésta, vivimos todos durante nuestra cotidianidad, sin embargo, no le prestamos atención, e incluso sólo en ocasiones nos percatamos que nos habíamos enviado mensaje. La inteligencia Intuitiva existe y puede ser de gran utilidad en nuestra cotidianidad, para prevenir situaciones adversas a lo que nos interesa. Los estudios realizados sobre Cerebro Triuno, y sobre Inteligencias Múltiples han permitido un amplio conocimiento al respecto, además, han dado avances en la estimación de la inteligencia del ser humano, la cual, hasta hace algunos años, era considerada sólo a partir del cociente intelectual, y se valoraba solamente la inteligencia Racional. Hoy en día podemos hablar –con propiedad- de Inteligencia Asociativa, Motivacional, Afectiva, Básica y otras tantas.

Aprendamos a escuchar nuestra intuición, y nos daremos cuenta cual útil e importante puede ser en el día a día.

ooOoo

REPOSO VOCAL ABSOLUTO POR 24 HORAS

Por un problema de fonación, es decir por utilización inadecuada de las cuerdas vocales, algunos días amanecía afónica (sin voz), y tras acudir al médico me indicaba reposo vocal absoluto por 24 horas.

Una de esas oportunidades, coincidió con la clase de inicio de la Maestría en Ciencias, mención Orientación Sexual, traída a Ciudad Bolívar por el Centro de Investigaciones Psiquiátricas, Psicológicas y Sexológicas de Venezuela (CIPPSV). Al iniciar la sesión el Dr. Fernando Bianco, director del Centro, luego de su presentación, nos pidió hacer lo mismo, aportando datos personales y profesionales, básicos.

A mi lado estaba mi colega educadora y amiga Elzy, a quien le pedí me presentara para no romper el reposo vocal prescrito por el médico; ella no tuvo problemas al respecto, informó la situación y dio mis datos personales. Más, mientras ella hablaba pude leer los labios del Dr. Bianco cuando decía a un colega docente "que bol..s, una orientadora muda". Por supuesto esta expresión me cayó mal, me pareció irrespetuosa, más en el momento no hice nada; creo más bien que se volvió como un reto pues mi record estudiantil fue muy bueno.

Al tiempo de dicho incidente tuve la oportunidad de conversar sobre esto con el Dr. Bianco, quien comenzó su respuesta con una disculpa, más luego me pidió ver el lado positivo de mi reacción y los resultados alcanzados, punto de vista en el cual estuvimos de acuerdo. Además, me preguntó por qué no lo dije antes, si tanto me molestó, de haberlo hecho, se hubiese aclarado la situación rápidamente.

De esta experiencia podemos extraer varios aprendizajes: el primero de ellos tiene que ver con cuidar nuestro lenguaje, lo que expresamos sobre los demás sobre todo si el comentario no es positivo, ya que siempre hay la posibilidad de que la persona lo reciba,

directa e indirectamente, y con ello estamos causando daño al prójimo. Si queremos señalar algo de x persona, debemos hacerlo directamente y con el estilo adecuado. Y aquí vale la pena recordar que existen tres (3) estilos comportamentales, a saber: Pasivo, Agresivo y Asertivo, siendo este último el estilo más equilibrado.

Otro aprendizaje tiene que ver con la respuesta que podemos dar cuando somos blanco de críticas o comentarios desagradables; podemos tomar el papel de víctimas y cruzarnos de brazos, sintiéndonos impotentes; o por el contrario podemos asumirlo como un reto y demostrar, primero a nosotros mismos, y luego si queremos, también a los demás, de que somos capaces, cual es nuestro talento.

Otro aspecto importante a resaltar en esta experiencia es lo valioso que resulta estar claro sobre las fortalezas que poseemos y también las debilidades o aspectos a mejorar que también tenemos, ello será la mejor vía para superarnos y crecer como personas.

Por último, es importante aprender a hacer valer nuestros derechos en todo momento, esto es, desarrollar un comportamiento asertivo, el cual nos permitirá actuar según nuestras propias necesidades, no cargarnos de angustia ante lo sucedido y ser respetuoso del derecho de los demás.

ooOOOoo

LA VERDAD, ANTE TODO

Estaba recién graduada en la universidad y comencé a trabajar en un liceo. Según el horario, las estudiantes de la mención coordinada por mí, tenían clase de Ciencias Biológicas los días martes a primera hora de la tarde, seguidas de clase de Educación Física. Yo había notado algunas ausencias del docente respectivo a esa primera hora, mas no le había dado importancia, hasta que la mañana de un miércoles, el jefe de seccional me preguntó si el día anterior las estudiantes habían tenido clase de Cs. Biológicas y yo le respondí, sin pensarlo: "esa clase no la tienen casi nunca".

Yo seguí con mis actividades del día y en un momento en la tarde, cuando voy entrando a la sala de profesores, el docente responsable de la asignatura me intercepta y frente a mí, alzando la voz (lo que ocasionó que todos los presentes dirigieran su mirada hacia allí) me interroga diciendo: ¿Usted y que anda diciendo por ahí que yo no doy la clase de los días martes?. En el momento yo no supe que hacer, pensé en decir que no fue con mala intención, que no fue "por ahí", sino a su jefe cuando me lo preguntó, y mi respuesta salió de manera categórica: Si lo dije y, ¿acaso es mentira?

Cuando el docente escuchó mi repuesta que estoy segura no era la que esperaba, expresó: "profesora lo que pasa es que las alumnas se ponen su traje de Educación Física.." No lo dejé terminar de justificarse y le dije: "Profesor, disculpe, eso debe decirlo a su jefe, no a mí". Más al momento que él se retiró yo respiré y me fui a mi oficina a pasar el susto.

Esta experiencia me permitió hacer varios aprendizajes; el de mayor peso, hablar siempre con la verdad, es el argumento más poderoso que existe, y aunque algunas veces la gente no lo espera, siempre es valedero y nos permite mantener el control de la situación frente al interlocutor. Otro aprendizaje, el cual validé posteriormente cuando aprendí Asertividad, es no entrometerme en las situaciones que no son mi responsabilidad directa o indirecta.

Esto último debe manejarse con cuidado, no significa ver las irregularidades y no decir nada por temor a problemas, sino ubicar las responsabilidades en quien corresponda para cumplir mi papel de ciudadana sin querer parecer el "Vengador de los pobres" juzgando o señalando lo inadecuado en todas las demás personas. En el caso que se ilustra, he podido informar al jefe de seccional la irregularidad para que estableciera los correctivos, si como coordinadora del grupo había observado la falla.

Por otra parte, aprendí que, ante una pregunta directa, la cual quiero contestar, sería correcto hacerlo según lo solicitado, sin extenderme en informaciones que, aunque corresponden a la situación, no me están consultando. O sea que yo he debido responder que la clase no se había cumplido y no como lo hice, ya que allí está presente lo que comúnmente llamamos "sembrar la cizaña" o como dice el dicho popular, "arrastrar la cobija para ver quién te la pisa".

ooOOOoo

MOSTRAR FORTALEZAS Y DEBILIDADES

Por mi manera de proceder, evitando a toda costa las equivocaciones y errores en mi comportamiento en general, durante la adolescencia y parte de mi adultez me esforzaba en extremo para que todo saliera muy bien y no se me reprendiera por nada. Aclaro que, afortunadamente, esa etapa de mi vida o de la manera de actuar, antes descrita, fue trabajada en terapia y logré entender que los humanos, al no ser perfectos, podemos cometer errores y eso está bien.

Estando mis hijos pequeños, los acostumbré a instaurar el hábito de estudio y durante ese proceso, al regresar del trabajo les interrogaba sobre la realización de las tareas. En una oportunidad llego y le pregunto a Tomás Enrique si había concluido su asignación para casa y el me responde que me estaba esperando pues no sabía cómo contestar una pregunta, a pesar de buscar en su libro. Dicho esto, me formula la pregunta en espera que yo se la conteste; al escucharme decir "no sé qué es eso", se sorprende y expresa casi gritando "tú no sabes eso"; yo le digo que no se alarme que lo buscamos en el diccionario y en material escrito (aún no teníamos la facilidad del internet). Así lo hicimos y no pasó de allí.

Más tarde, sola, reflexioné sobre la reacción de mi hijo al saber que yo no sabía algo y me alarmó pensar que para él yo tenía todas las respuestas. A partir de ese momento, me ocupé de que entendiera que como humanos que somos, tenemos capacidades, talentos, fortalezas y también tenemos limitaciones, deficiencias y aspectos mejorables.

En mi trabajo con padres les refiero esta anécdota para hacerles ver que los padres representamos siempre modelos para sus hijos y generalmente se nos montan en un pedestal al considerarnos perfectos, lo cual pareciera ser positivo; sin embargo, si un hijo(a) ve a su padre o madre como perfectos, posiblemente se verá a si mismo imperfecto porque sabe que se equivoca posiblemente varias veces cada día, y en el

proceso de formación de su autoestima, se sentirá en minusvalía respecto a los demás. Si por el contrario el niño o la niña reconocen a sus padres como humanos que son, con fortalezas y debilidades, capaces de cometer errores al igual que él, podrá entonces mostrar autoestima adecuada.

ooOOOoo

CREER PARA VER

Estando residenciada en la población de Upata, viajaba cada 15 días a recibir clases de post grado en Ciudad Bolívar. Un día como cualquier otro estuve en mi clase y durante el almuerzo una amiga me solicitó una entrevista por una situación irregular que estaba viviendo; hablamos, la escuché y quedé en comunicarme luego con ella. Concluyó la clase en la tarde y me regresé a mi casa en Upata; donde me bañé, cené y me acosté a dormir, según mi costumbre.

Al día siguiente, al levantarme, veo que tengo los ojos totalmente rojos, me asusté –lógicamente- y le pido a mi esposo que me acompañe al médico. El oftalmólogo luego de examinarme, me explica que tengo una conjuntivitis severa y me prescribe 3 tipos de gotas oftalmológicas a colocar varias veces al día según lo estipulado en sus indicaciones escritas. Le pregunto al médico cuanto tiempo tendría la vista así, y me dijo "para el viernes tus ojos estarán sin enrojecimiento".

Vamos saliendo de la clínica y mi esposo, quien no compartía mi manera de pensar en varios aspectos, me dice: Bueno, ¿dónde está la explicación emocional de esta enfermedad desde tu perspectiva? Yo le respondo que lo estoy procesando y me regreso a casa. Compré los medicamentos y comencé el tratamiento; no obstante, me senté a analizar la situación, tomando en cuenta que me acosté sin molestias. En ese revisar caí en cuenta que lo único diferente en mi rutina del día anterior fue la consulta de la amiga que me contactó en horas del almuerzo. Al revisar esa entrevista, caigo en cuenta que el evento no había sido de mi agrado, que me perturbó pues no era positivo y yo no había hecho nada al respecto, a pesar de que "lo veía como algo negativo".

Decidí que hacer al respecto, y por teléfono llamé a las personas que correspondía contactar para resolver la situación, pude aclarar con una y con otra, y subsanar la situación, lo cual me llevó aproximadamente 2 horas, luego de lo cual mi vista había recobrado su normalidad y había desaparecido la irritación.

Creer para ver es a mi entender, la nueva filosofía de vida. El cuerpo, como está ya comprobado, a través de sus molestias está señalando no sólo una afección orgánica o biológica, sino que puede también estar comunicando malestar emocional que requiere igualmente atención. Afortunadamente cada día aumentan los médicos que aceptan la importancia de la parte emocional en el desarrollo de cualquier enfermedad y utilizan tratamientos que permitan atender holísticamente a la persona y no sólo al órgano afectado.

Existe documentación que señala como cada parte del cuerpo puede responder en un momento dado a un incidente que lesione la emocionalidad de la persona, originándose una afección según sea la función del órgano y el tipo de molestia presentada.

ooOOOoo

V PARTE

DE AMIGOS Y CONOCIDOS

PERCEPCIÓN ERRADA

Un querido párroco de Ciudad Bolívar, a quien pedí permiso para incluir esta historia, fue el protagonista de un suceso que ilustra magistralmente que es la percepción.

Ocurrió en un colegio religioso, católico, de la localidad, un día el Padre Eleazar Mérida acudió a dar la eucaristía preparada para los alumnos y alumnas de Educación Media Diversificada. Mientras transcurría la misma, la directora miraba con cierta molestia a los y las estudiantes, quienes en gran parte no mostraban la actitud de atención que se espera en estos oficios religiosos.

Al concluir la misa, y tras retirarse el alumnado hacia sus aulas de clase, el padre se dirige a la sacristía y tras él va la directora; mientras se quita la sotana, el padre exclama: ¡En este momento me gustaría morirme! Enseguida la directora pensó cuán mal le había resultado al padre la conducta de los y las estudiantes, que había pronunciado esa expresión; e iba a comentar algo al respecto cuando el padre continuó hablando y expresó: "Sería inmensamente feliz si eso sucediera pues en este momento me siento tan cercano a Dios que estoy seguro que sería una experiencia maravillosa de encuentro con nuestro creador".

La directora, sorprendida, comprendió que ella y el padre Mérida estaban pensando en cosas totalmente distantes una de la otra y que su percepción había sido errada. Cuando me lo refirió yo reía y le recordaba lo importante de no dejarse llevar por **nuestra** percepción. Tiempo después en otro espacio el padre comentaba la situación, relatando sólo lo vivido por él y yo le conté sobre la percepción de la directora y de paso le pedí permiso para incluir la anécdota en este texto.

Es importante estar atentos con nuestras percepciones y chequear lo que sucede ya que son nuestras y, lógicamente, están teñidas por nuestra historia personal, costumbres, creencias, valores y otros; los cuales –a su vez- son o pueden ser totalmente diferentes a los de la otra persona. Recordemos que "Somos diferentemente iguales".

Además, esta anécdota habla de la plenitud y satisfacción que podemos experimentar cuando entramos en sintonía con el amor supremo de nuestro padre creador, lo cual, a mi entender, es posible no sólo a los sacerdotes, sino a cualquier persona que crea en Dios y busque las estrategias para su comunicación honesta y sincera con Dios, pudiendo ser protagonista de episodios de éxtasis y de trascendencia.

ooOOOoo

CAIDO DE LA MATA

Rafael, un joven pescador, oriundo de la bella isla de Margarita, donde reside, me contaba un suceso que vivió cuando era chico y el cual le dejó una gran enseñanza.

En una oportunidad salió, junto a otros jóvenes a cazar iguanas, y en el camino divisó una mata de cotoperí, fruta muy apetecida por él tanto para comerla como para venderla; así que no dijo nada a los demás, se quedó atrás y se separó del pequeño grupo para aprovechar el sólo, la cosecha. Ya en la mata comenzó a llenar su morral, estaba emocionado con lo logrado, trataba de cargar la mayor cantidad posible de frutos y se estiró hacia una rama sin medir el peligro.

Un instante después estaba en el suelo inconsciente tras caer de una altura considerable. No sabe cuánto tiempo pasó pues al despertar estaba en la medicatura rural, a la cual lo llevaron los chicos que lo acompañaban inicialmente, junto con su morral lleno de cotoperí. Luego de unas horas le dieron de alta y tuvo que permanecer en cama por espacio de 2 días, tras lo cual fue de nuevo al sitio donde estaba la mata, la cual para su sorpresa no tenía nada de frutos.

Luego le explicaron que, al recogerlo junto al morral, todo el que se enteraba en la vía al centro médico, preguntaba dónde lo encontraron y quienes lo acompañaban señalaban "allá adelante, hacia la derecha donde está una mata de cotoperí muy cargada".

Rafael reconoce que su egoísmo en el momento de descubrir la mata cargada, lo llevó a perder la perspectiva de la situación, lo cual pudo incluso ocasionarle lesiones graves. Y tal como le ocurrió a él, muchas veces nos cegamos ante la realidad, a causa de nuestro orgullo, egoísmo, miedo u otra emoción mal canalizada. Es importante no tener la impulsividad como compañera permanente; ya que, si en algunos momentos puede ser oportuna, la mayoría de las veces nos limita la adecuada toma de decisiones. Los seres humanos actuamos por reacción o por decisión, y ésta última nos permite analizar

los pro y los contra, lo positivo y lo negativo, los beneficios y los perjuicios, logrando así una respuesta más sensata.

oo000oo

CAMBIAR RUTINAS ERRADAS

Una madre me solicita ayuda ante una situación cotidiana que la está afectando. Me señala que ella se levanta temprano y mientras hace el desayuno y se prepara para salir, debe despertar a sus hijas (de 12 y 6 años) 4 ó 5 veces para lograr que respondan, con lo cual no sólo pierde tiempo sino también paciencia, y al salir ya va molesta y estresada.

Yo le digo que le voy a dar la "receta" y ella verá si la pone en práctica o no. Le señalo: "Esta noche habla con tus hijas, diles que quieres cambiar la situación de incomodidad que te ocasiona el llamarlas varias veces cada mañana y que has decidido llamarlas una sola vez e irte a la cocina a elaborar el desayuno y al cuarto a arreglarse, Y, que cuando vayas a abrir la puerta del apartamento para salir hacia el garaje, ellas deben estar listas y en ese lugar o de lo contrario se quedarán y tendrán que resolver que cosa hacer".

Luego de la explicación ella se muestra algo indecisa y me pregunta: ¿Y si en el momento de ir a abrir la puerta no están? Le dijo: Usted cumple su palabra y se va sin ellas. Claro, para salvaguardar esa posible situación puedes hablar con tu vecina para que esté atenta en caso que eso suceda; no obstante, estoy segura que no pasará.

Al día siguiente nos vemos a media mañana y me cuenta: "Hablé con mis hijas tal como me explicaste, las llamé sólo una vez y reconozco que estuve tentada a volver al cuarto de ellas a ver qué pasaba, tenía temor que aun estuviesen durmiendo. No obstante, al momento de abrir la puerta ambas estaban listas esperando para salir".

Esta anécdota ilustra situaciones que a diario se dan en nuestros hogares. Nosotros, madres y padres, muchas veces mal acostumbramos a nuestros hijos en el cumplimiento de sus rutinas, y luego nos quejamos porque no actúan como queremos que lo hagan, olvidando que contribuimos a establecer esos ritmos muchas veces agotadores y poco productivos.

Ante estas situaciones hay, primeramente, que ser franco con ellas – ellos y plantear el cambio que se hará desde mi conducta de madre o padre, para corregir la situación que afecta a toda la familia; seguidamente, revisar que quieren hacer ellos-ellas, en correspondencia con lo planteado y, en función de la edad, plantear que, de no cumplir con lo establecido, deberá asumir las consecuencias.

Por supuesto que es válido escuchar algún planteamiento que venga de parte de ellos-ellas como aporte a la solución. Más no caer en discusión estéril (los acostumbrados ¿por qué?) o dejarnos manipular desde el afecto.

ooOOOoo

RECONOCER LAS SEÑALES DE NUESTRO CUERPO

En una oportunidad, salí con una hermana de la vida, Elizabeth, a comprar vegetales; estando en el sitio nos encontramos con una amiga común, quien manifestó tener problemas con su codo izquierdo, con un dolor desde el día anterior. Elizabeth, quien conoce mi trabajo, le dice sin que yo escuche, que me pregunte que puede estar originando esa situación.

Yo salgo del local y la amiga común me está esperando y me hace la pregunta sugerida por Elizabeth; yo le explico que puedo señalarle algunos aspectos de interés en cuanto a su molestia, más que no podemos ver sólo un aspecto de la situación. Le pregunto si ha sufrido algún golpe en la zona del codo, una postura inadecuada o un peso exagerado, que puedan considerarse origen de la molestia. Ella señala que no, y que la molestia es intermitente.

Yo le explico que si persiste debe ir a un médico, más que bajo la convicción de que toda enfermedad o dolencia tiene un componente emocional, ella puede revisar lo relativo a la toma de decisiones y en este caso específico, a una decisión suya. Le agrego que a veces no es fácil contactar el evento más al comenzar a procesarlo, ya estamos avanzando. Ella se queda pensando y luego señala que el día anterior se vio obligada a tomar una decisión, la cual le estaba costando mucho por lo que implica.

Lo importante en esta historia es reconocer que somos seres holísticos, y no podemos separar completamente cada una de nuestras dimensiones, es decir el ser biológico, psicológico, social, emocional, espiritual y universal.

Está probado que toda afección física tiene un componente emocional que puede no ser la causa, más puede estar manteniendo la situación e impidiendo la superación del problema. El cuerpo, con las diferentes afecciones nos está comunicando que hay

emocionalmente algo que no estamos procesando adecuadamente y que es necesario intervenir para salir de la afección de salud.

También se dice que ese malestar emocional muchas veces mantiene la situación por la "ganancia secundaria" que nos proporciona; es decir que algo de lo que sucede en la situación aparentemente no deseada, nos está beneficiando en otro aspecto.

oo0oo

BIBLIOGRAFÍA:

- ALIANZA LATINOAMERICANA PARA LA FAMILIA (2000): Construyendo mi futuro. Serie Aprendiendo a querer. Libro 9. ALAFA Ediciones. Lima. Perú

- ARRECHEDERA M, N. (2009): Regalo a Mamá y a Papá. Editorial Los Profesionales. Caracas. Venezuela.

- BAUTISTA, M. y J. CASTAGNA (2007): Cuentos para el Crecimiento. Editorial San Pablo. Argentina.

- TABUAS, M. (2009): Cuentos prohibidos por la abuela. Alfaguara Juvenil. Editorial Sevillana. Caracas. Venezuela.

Printed by Books on Demand GmbH, Norderstedt / Germany